AF263085

LA
GRANDE
DIVISION ARRIVEE
ces derniers iours, entre les
femmes & les filles.
de Montpellier.

Auec le suiet de leurs querelles.

A PARIS,

M. DC. XXII.

LA
GRANDE DIVISION

atriuee ces derniers iours entre
les femmes & filles de
Montpellier:

Auec le suiect de leurs querelles.

PErfide & abominable ville, qui par
tes impies & damnables reuoltes,
penses faire teste long temps à ce grand
Monarque qui te tient assiegee: C'est
maintenant que tu peux recognoistre
à bon droit, que tes trahisons ne te ser-
uent qu'à aduancer ta ruyne, tes muti-
neries n'enclinent qu'à ta cheute, tes
reuoltes ne panchent qu'à ton renuer-
sement.

Et bien que tu sois la demeure ordi-
naire des Medecins, tu n'en trouueras
pourtant pas vn si expert qui puisse re-
medier aux playes iournalieres qu'on
donne aux tiens, ny r'emplastrer les
bresches que les canons du Roy font
continuellement à tes bastions & mu-

railles, ton MONT sera PILLE' en bre,
si tu le plie sous le ioug de l'obeissance,
les diuisions qui sont parmy tes Cita-
dins, te peuuent tesmoigner, & les de-
sordres continuels qui sont au milieu
de ton enclos en pourront porter suffi-
sante preuue.

Dernierement que les habitans de
Montpellier voulurent mettre le né au
vent pour faire vne sortie & qu'on
leur tailla de si belles croupieres , ou
mesmes vn de leurs principaux Capitaines fust estendu sur la place, les femmes & les filles de ladite ville ayans eu
le bruit de cecy, s'assemblerent en vn
lieu pour ensemblement desplorer
leurs malheurs & abiurer la guerre,
cause de tant de maux.

Se caussam clamant criménque caputque
malorum,
Filia quaque manu flauos Mons pessula
crines,
Et roseas trahit vnque genas:

Il semble que Virgile eut prophetisé
ces vers sur Montpellier: veu qu'on ne
les sçauroit adapter à chose ou il y ait
plus de correspondance: car les bour-

geoifes de cefte ville qui ont de cou-
ftume de voir vn nombre infini de ieu-
nes golureaux qui y vont eftudier en
medecine, eftant priuées de leurs dou-
ces compaignies & des ioyeux paffe-
temps que leur entretien leur donnoit
auparauant cefte reuolte, iointe à vne
infinité de perte qu'ils ont faites dé-
puis qu'ils fe font foufleuez contre les
armes de leur fouuerain, ne peuuent
tenir les fanglots qui fe creuent dans
leurs bouches, ny boucher le paffage
aux foufpirs qu'ils reffentent pour ce
fubiet.

Et quoy, dit vne vieille chappro-
niere qui tenoit le haut bout en l'af-
femblee, ferons nous toufiours mife-
rables ? faut-il que nos maris foyent
caufe de nos malheurs ? ne fuffifoit-il
iufques icy de nous auoir defchirez
par lambeaux : Nous mefmes nous
nous plantons le coufteau dans le fein
Nous mefmes nous courons à bride
abatue à noftre mort, & femble à voir
qu'il nous tarde que nous ne foyons
toutes dans noftre propre ruyne enfe-

uelles miserables & mal-heureuses,
pour ne reuoir iamais la lumiere du
Ciel, fau-il, dis-ie que nos maris soient
tellement oublieux de leur salut & du
nostre, que de se precipiter dans les
hazards & dangers pour luitter contre
les destins qui n'ont premidité autre
chose que nostre totale perte? Ha! les
larmes me creuent le cœur? les sou-
spirs me bouchent les conduits de la
parolle, les sanglots m'estouffent, mon
pauure mary, helas! ou es tu, ou es tu
ma seule consolation.

Tu m'as donc quitté pauure & in-
fortunee pour estre la proye du destin,
tu m'as delaissee languissante pour sur-
uiure à Isiclédre, tu m'as abandonnee:
helas! pour voir ceste ville renuersee
de fonds en cõble si elle poursuit danã-
tage en ses reuoltes: Que pleut à Dieu
qu'vne mesme iournee eut finy nos
iours puis qu'vn mesme iour nous a lié
iadis si estroittement, pleut à Dieu que
ce lien se fust rompu en vne mesme
heure, puis qu'en vn instant il se des-
noüé, falloit-il que nous sortissions de

montaubã l'an paſſé pour eſtre traiſtee
de la ſorte dans Montpellier : O grand
& inuincible Diomede, ainçcisgrand
Colloſſe de guerre M. de Mayenne,
que ne ſuis-ie morte par vos mains.

Ainſi parloit la femme d'vn Medecin de Montauban, qui l'an paſſé eſtoit
ſortie auec ſon mary au commence-
ment du ſiege, & ſe vinrent refugier à
Montpellier penſans auoir meilleur
marché : Mais de malheur ſon mary
auoit eſté tué en ceſte ſeconde eſcar-
mouche.

La femme d'vn ieune Aduocaceau
ſans cauſe, qui deux iours auparauant
voulant aller plaider ſur la muraille, fut
ſalué d'vne pilule au trauers du corps
à cauſe peut eſtre qu'il eſtoit conſtipé,
va dire Hola Mamie, vous parles, encor vous qui eſtes vieille, & qui deſia
auez vn pied dans la foſſe : N'auez vous
point tant de ſujet de vous plaindre
que moy qui ay perdu mon mary dé-
puis deux iours en ça, voſtre mary
eſtoit vieil & caduc, quant la queue
commence à ſe ſecher, le fruict tombe

mais ! mien estoit encor en sa verte
ieune e & bon Aduocat, qui bailloit
tousiours le droict à sa partie, & de qui
la compagnie m'estoit douce , auec
combien de regrets & de ressenti-
ments de douleurs, croyez vous que
ie me ressouuienne de ceste perte.

Et moy (dit vne fille de haut goust
qui estoit au coin) Pensez vous que ie
ne me ressente point de tous ces trou-
bles icy , auant qu'on eut bloqué ceste
ville, & que le bruit des Reistres fut
venu aux oreilles des François, il y
auoit vn ieune Parisien logé chés nous
qui estudioit en Medecine en la cam-
paignie duquel ie passois vne partie de
mon temps. C'estoit le plus doux & le
plus affable qui se vit iamais, il m'auoit
promis mariage, & mesmes nous en
auions passé les patentes dans ma chã-
bre: maintenant à ces nouueaux trou-
bles ie ne lay peu retenir, & ne sçay
s'il n'est point mort par les chemins:
ie crains qu'il ne reuienne iamais.

Encor y a-il quelque peu d'espe-
rance en vos affaires, respondit vne de

ſes voiſines: mais pour moy il n'y en a
plus, i'auois vn ieune gars qui quelque
fois ſe venoit rafraiſchir chez moy &
prenoit vne heure de recreation en
mon logis : mais dernierement las! il
penſoit ſortir auec les autres il fut tué
d'vn ſoldat de monſieur de Zamet. Si
vous ſçauiez combien i'en ſuis attriſtee
& quelle amertume m'en eſt reſtee en
l'ame, vous en ſeriez eſmerueillee.

Auſſi en auez vous du ſubiet, reſ-
pondit vne noirette qui ne l'affection-
noit pas trop, chacun vous cognoiſt
bien pour telle que vous eſtes, on ſçait
bien que celuy dont vous parlez, n'al-
loit point en voſtre logis que pour faire de belles affaires : mais il n'en faut
mot dire : Nous ſommes en vn temps
ou il n'y a pas à rire pour tout le mon-
monde, il y en a de bien bleuds, n'y eut
il que de nos confreres de la Rochelle
qui n'ont rien deſpouillé ceſte annee.

Mais qui eut creu (dit la femme
d'vn Conſeiller de ladite ville) qu'on
nous eut reduit au petit pied en ſi peu
de temps. Qui eut creu que ceſte ville

eut si tost succombé à sa ruyne comme elle fait, il n'y a pas vn pan de muraille entier, tous nos bastions nouueaux quon auoit fait edifier de la demolition des Esglises sont tantost tous en poudre, à peine s'ose on trouuer dans les ruës pour les canonades qu'on tire continuellement du cartier du Roy. I'ay vne petite fille qui allant l'autre iour en nostre grenier fut escralee d'vne balle qui tomba sur les thuilles de la maison.

Ma commere, repliqua vne grosse Dame, on dit que la ville de Troye eut esté imprenable, si les Grecs n'eussent desrobé le Palladium qui estoit dans le Temple de Minerue tout le destin de ceste Ville & de la Monarchie Troyenne n'estoit attaché qu'à ceste petite image: mais nous ne deuons encor craindre. La robbe de Rabelais est nostre Palladium, tandis qu'elle sera en ceste ville, iamais eile ne peut estre prise.

Ah Madame, dit alors vne Damoiselle de qualité, de qui le mary estoit au

liột bleſſé d'vn coup de mouſquet au
bras, il ne ſe faut pas fier à la robbe de
Rabelais, le plus beau Palladium qu'on
puiſſe ſouhaitter pour la deffence d'v-
ne ville ; c'eſt le nombre des gens & de
ſoldats qui y ſont. Si Troye ne ſe fuſt
laiſſé enſeuelir dans le vin & dans le
ſommeil, nonobſtant le Palladium des
Grecs iamais elle n'eut eſté priſe: mais
quel Palladium & quelle ſauuegarde
pouuons nous auoir, puis que nous
n'auons tantoſt plus perſonne pour
nous deffendre, toute noſtre garniſon
eſt preſque taillee en pieces, perſonne
ne s'oſe aduenturer d'aller aux murail-
les ny aux coups. Nous auons des Capitaines laſches & de peu de courage,
Noſtre ennemy eſt puiſſant, nos for-
ces foibles ſans eſperance de ſecours:
Que pouuons-nous eſperer, ſinon qu'
vne funeſte & triſte iournee, ou nous
paſſerons toutes au fil de l'eſpee, ſi nos
maris ſouſtiennent plus long temps
l'effort des armes Royalles.

Ma couſine dit vray (fit vne autre
de moyenne taille,) mon aiſné y eſt

mort auſſi bien que les autres , & a
payé la folle enchere de ſon imprudence,de l'excuſer : ie ne le puis, cela
me touche de pres : car nonobſtant
que mon mary ſoit de la Religion pre-
tenduë & qu'il tienne le party des Re-
belles , ie ne peux aduoüer pourtant
qu'il ſe faille cantonner contre ſon
maiſtre.

Vne aſſés agee qui eſtoit debout
au milieu de l'aſſemblee,print la parolle, à la verité, dit-elle, nos maris vont
trop auant, c'eſt trop ſe' bander con-
rre le Roy. I'ay peur en fin qu'il y en
ait quelques vns qui portent la paſte
au four pour leurs compaignons. Le
Roy en endure trop, il eſt trop doux
& trop benin, ie ne ſçay comment il
ne nous a deſia fait abiſmer & enſeuelir dans nos propres ruynes.

De mon ieune temps, on ne parloit
point de cela, dit vne vieille qui n'a-
uoit plus que deux dents,i'ay bien veu
des guerres, i'ay veu des grandes ex-
peditions:mais il ne s'eſt iamais remar-
qué qu'on eut fait tant d'efforts con-

tre son Roy, il eſt de droit diuin & hu-
main de luy obeyr, non pas de luy reſi-
ſter, pour moy, ie n'approuueray iamais le conſeil de tous ceux qui deli-be-
rent de fermer la porte à ſes trouppes:
car outre que nous encourerons vn
blaſme vniuerſel parmy les nations
voiſines, & vne taſche qui iamais ne ſe
pourra effacer: Nous ſommes en grand
danger de ſubir de grands maux par
noſtre propre imprudence.

Madame a raiſon, repliqua vne autre fraiſchement arriuee de la Rochelle, nous auons tous vn tres-mauuais
horoſcope ceſte annee, elle nous eſt
climaterique & malheureuſe, ces iours
derniers nous ſont fort caniculaires:
Ce n'eſt point ſeulement à Montpellier ou on a ſubiet de ſe plaindre: La
Rochelle en a eu ſa part, nous auons
eſté entierement ruynez des troupes
de Monſieur le Comte de Soiſſons qui
ont fouragé tous les enuirons, & n'a-
uons peu ceſte annee recueillir vn ſeul
grain de bled, encor nous auions eſperance en monſieur de Soubiſe à ſon re-

rout d'Angleterre qu'il nous rafraiſ-
chiroit de viures:mais helas,nous auós
eſté bien fruſtrez,car on nous a dit que
luy meſme auoit eſté chaſlé honteuſe-
ment de Londres , & que s'eſtant mis
ſur mer,ſes vaiſſeaux auoient eſtés fra-
caſſez:ſi cela eſt , ie vous laiſſe à penſer
quel bons ſuccés il donnera aux Ro-
chelois.

Ah ma commere (dit ſa voiſine)
vous me faites creuer le cœur quand
vous me parlez de M. de Soubiſe, il eſt
bien cauſe de mon malheur,i'auois vne
ieune fille l'hiuer paſſé, lors que ie de-
meurois à la Rochelle, belle & en bon
point, vn de ſes Capitaines en de-
uint amoureux eſperduement de ſa
beauté & la rauit, mon mary pour-
ſuiuit ledit Capitaine,pour tirer raiſon
d'vn acte ſi impie; mais M. de Soubiſe qui auoit peut eſtre mouillé ſon
pain au pot,n'en fit aucun conte ſinon
qu'on me renuoya ma pauure fille
quinze iours apres : Ie voulus voir ſi
on l'auoit viollee, c'eſt pourquoy en
ayant commis la charge à deux ma-

trones & sages-femmes de la Rochelle,
apres l'auoir veue & visitee, elles me
dirent, que tout estant consideré, elles
auoient trouué, que la babole estoit
abatue, l'arriere-fosse ouuerte, l'entre-
fesson ridé, le guilleuart eslargy, le bra-
quemart escroué, la babande relancee
le ponnant debiffé, le halleron demis,
le quilboquet fendu, le lipion recoquil
lé, la dame du milieu retiree, les tou-
tons desuoyez, le lipondis pilé, les bar-
res froissees, l'enchenart retourné, le
barbidaut tout escorché, bref, pour le
faire court, qu'il y auoit trace de V.
d'ou vient que tout la cure que i'y aye
peu apporter, & non-obstant la peine
que i'aye prise à recoudre san canipani
brodimaunioin elle est demeuree des-
pucelee.

Voyla comme en font les Capitaines de aeux harts, dit vne femme
de Medecin, tout nostre traffic n'est
attaché qu'à ces cures, quant ils sont
dans vne maison, ils croyent qu'ils ont
permission de faire ce qu'ils voudront.
La Niepce du Docteur Rabelais aloit

dire son mot : mais on vint aduertir
l'assemblee qu'il y auoit vne grande
rumeur en L'hostel de ville aussi tost les
femmes sortirét de leur congregation
pour participer au Conseil qui se tenoit en la ville: cela fust cause que ie
ne peus escrire dauantage de leurs
babil.

F I N.

www.ingramcontent.com/pod-product-compliance
Lightning Source LLC
Chambersburg PA
CBHW050744070726
47597CB00009B/4060